CHARLES BOUCHU

QUELQUES SITES DE FRANCE

IMPRESSIONS DE VOYAGE

Un souvenir heureux est peut-être sur terre
Plus vrai que le bonheur.

ALFRED DE MUSSET.

Première Série

PARIS

ATELIER TYPOGRAPHIQUE DE L'INSTITUTION NATIONALE
DES SOURDS-MUETS

254, RUE SAINT-JACQUES, 254

1908

AUX LECTEURS

Évoquer le pays natal, revivre des souvenirs, fonder des espérances, n'est-ce pas là cultiver cette exquise petite *fleur bleue* que chacun garde plus ou moins précieusement au fond de son cœur?

Dans ces *Essais* dictés par l'admiration que je professe pour les sites de France, j'ai cru devoir me substituer quelquefois, par la pensée, à l'Enfant de la Province, dans le but de donner aux impressions traduites plus de sentiment, plus de caractère local. Puissé-je avoir réussi dans la mesure de mes moyens. En tout cas, *bona fide*.

Maintenant, que l'on veuille bien me pardonner les quelques inexactitudes de versification rigoureusement *mathématique* qui ont pu se glisser dans ces *Essais*. Je n'ai surtout considéré que l'harmonie de la rime résultant exclusivement de l'inspiration du moment.

Je remercie enfin les journaux parisiens et régionaux qui ont gracieusement inséré ces petites poésies en bonne place; ils m'ont, par ce fait, encouragé à publier une *première série*.

CHARLES BOUCHU,
Employé de la Compagnie d'Orléans

Bois-Colombes (Seine), septembre 1908.

CHARLES BOUCHU

QUELQUES SITES

DE FRANCE

IMPRESSIONS DE VOYAGE

Un souvenir heureux est peut-être sur terre
Plus vrai que le bonheur.

ALFRED DE MUSSET.

Première Série

PARIS

ATELIER TYPOGRAPHIQUE DE L'INSTITUTION NATIONALE

DES SOURDS-MUETS

254, RUE SAINT-JACQUES, 254

1908

QUELQUES SITES

DE FRANCE

Souvenir du Léman & des Alpes

A Julien Larroche.

Entre la Suisse et la Savoie,
Au pied des grands monts sourcilleux,
Le superbe Léman déploie
Son miroir vaste, lumineux.

Noble joyau dont la Nature
Gratifia le continent,
Eclatante, unique parure
Et pur reflet du firmament.

Des barques aux voiles légères
Sur son flot bleu, diamanté,
Glissent, mouettes passagères
L'effleurant d'un vol argenté.

Riches cités, coquets villages,
Vignes aux vins délicieux,
Jardins, vergers et frais bocages
Ornent ses contours gracieux.

O sites rêvés des touristes,
De Genève jusqu'à Chillon,
Séjours préférés des artistes :
Saint-Gingolph, Evian, Thonon,

Rousseau, Byron et Lamartine
Vous ont célébrés tour à tour,
Accordant leur lyre divine,
Ils ont chanté le lac… l'amour !

Poètes choyés par la Muse,
Dont l'ombre plane sur ces monts,
Grâce pour ma rime confuse
Qui vient de rappeler vos noms.

Après vos musiques célestes,
J'ose, de mon humble pipeau,
Tirer quelques notes modestes...
Chênes, épargnez l'arbrisseau !
. . . .

J'aime le Léman féerique
Qu'irise le soleil couchant,
Et l'alpe neigeuse, tragique,
Et le glacier étincelant.

J'aime aux entours des belles rives,
Les prés, les fleurs, les gais hameaux,
Les sentes raides, fugitives,
Où cheminent de lents troupeaux ;

La terre tenace, féconde,
De vos côteaux, Jorat, Chablais,
Où la grappe vermeille abonde,
Attendant les pressoirs, les chais.

J'aime la chanson modulée,
Caressante, des passereaux,
Et la touchante mélopée
Que murmurent les clairs ruisseaux ;

Les sombres forêts séculaires
Dont les échos mystérieux
Me semblent des voix tutélaires
Aux accents purs, harmonieux ;

Torrents, cascades écumantes,
Escortés par de verts sapins,
Entraînant leurs eaux bondissantes
Vers d'impénétrables destins.

J'aime aussi le chalet rustique
Perché sur un sommet rocheux
Où vit le pâtre symbolique
En philosophe, dédaigneux ;

Les aspects variés, sublimes,
Des monts pointant avec fierté
Vers les cieux leurs plus hautes cimes
Pour en sacrer la majesté.

Enfin, sous la voûte divine,
J'aime le souverain Mont-Blanc
Drapé dans son manteau d'hermine,
Non loin du cristal du Léman !

O Savoie ! O douce Helvétie !
Lac aux reflets d'azur et d'or !
Vous avez parfumé ma vie
D'un souvenir qui dure encor…

Thonon-les-Bains (Haute-Savoie).

Petite Fleur bleue

A M. Alexis Servat.
Respectueusement.

Elle fleurit toujours au pays du soleil,
Là-bas, dans un joli vallon des Pyrénées,
Quand les chers souvenirs de mes jeunes années
Font s'envoler mon cœur vers l'horizon vermeil.

Autour du vieux château, sur les monts, dans la plaine,
Elle fleurit sans cesse, elle fleurit partout,
Au bord de l'Ariège elle embaume surtout,
Au seuil de la maison elle brille certaine.

Lorsqu'un léger zéphir caresse les buissons
Je te vois, au printemps, bleuir, tendre fleurette;
Quand se moque le merle ou chante l'alouette
Je te vois en été présider aux moissons.

Avec les vendangeurs, parmi les grappes blondes,
Je te vois en automne auprès du grand pressoir,
Je te vois écoutant la causette du soir
Dans les veilles d'hiver autour des tables rondes.

Ta couleur espérance est mon culte fervent
Chère petite fleur à corolle bénie,
Car tu berces le rêve embellissant ma vie,
Des ronces du chemin tu m'écartes souvent.

Toujours épanouie en dépit des années,
Si ma prière un jour le ciel daigne accueillir,
Au calme et doux pays j'irais pour te cueillir
O petite fleur bleue éclose aux Pyrénées!

Foix (Ariège).

Saint-Raphaël

(Fantaisie)

A M. Antonin Vidal.

Sur une côte hospitalière,
Au pied des monts de l'Esterel,
S'épanouit Saint-Raphaël
Dans l'azur et dans la lumière.

Au fond du golfe de Fréjus,
Toute blanche, comme nichée,
Et par la vague pourléchée
Sous les rayons du blond Phœbus.

Parmi des palmiers, lauriers-roses,
Aloès, orangers, jasmins,
Oliviers, mûriers, romarins,
Fleurs du Midi toujours écloses.

La brise qui ride les flots,
En venant du large s'étonne,
Reconnaît, s'approche et chantonne
Barcarolle chère aux échos :

« Est-ce une perle de l'Eubée (1),
« Une rare fleur de Ceylan,
« De Sumatra, des Magellan,
« Du ciel une étoile tombée?

« Est-ce... mais oui... Saint-Raphaël,
« Dans l'azur et dans la lumière,
« Sur une rive hospitalière,
« Au pied des monts de l'Esterel ! »

Saint-Raphaël (Var).

(1) Ile de l'archipel ionien réputée autrefois pour les pêcheries de perles qui s'effectuaient dans ses parages.

CHAMONIX

A mes enfants Marcel et Marguerite.

Pourquoi chercher au loin des sites imposants,
Paysages rêveurs, tranquilles, reposants,
Alors que notre France aux provinces si belles
Développe à tous yeux des scènes naturelles?
Pourquoi goûter ailleurs douces émotions,
Puisque nous possédons plus qu'autres nations,
Des fleuves arrosant de fertiles campagnes,
Des mers, des lacs d'azur, des forêts, des montagnes,
Des jardins parfumés, des plateaux verdoyants
Et des hauts pics chenus tragiques et troublants?
Rien ne peut égaler mon indicible joie
Quand j'évoque surtout nos Alpes de Savoie,
Le colossal Mont-Blanc, superbe, culminant,
Montrant sous le ciel bleu son cône étincelant!
Drapé dans un manteau de neige consacrée,
Il trône ainsi qu'un dieu dans l'espace empyrée.
Ses puissants contreforts sont couverts de forêts
Où la cascade abonde en scintillants reflets;
A ses pieds Chamonix, sultane révélée,
Paisiblement repose au cœur de la vallée.
Chamonix, Chamonix, nom doux à prononcer,
Que de jolis tableaux tu viens me retracer.
Mon esprit, frappé par ton aspect grandiose,
Ne perçoit que splendeur, richesse, apothéose.
Terre de liberté, ton charme est pénétrant,
Ton décor est sublime, unique, captivant,
Toujours tu m'apparais de l'auguste nature
Si prodigue en joyaux, comme une perle pure!

Aiguilles et glaciers, petits lacs transparents,
Grottes, séracs, névés, impétueux torrents,
Matins couleur de rose! Ineffables soirées,
Quand s'empourprent parfois les cimes vénérées!
Coquets hameaux épars, pâturages nourris,
Bouquets de bois touffus et parterres fleuris,
Entre de verts sapins, majestueux cortège,
L'Arve semble rouler du soleil, de la neige.
Apres sentiers frayés par les souples mulets,
Insondables ravins et rustiques chalets,
Touristes gravissant l'alpe vertigineuse,
Armés de pied en cap, en troupe aventureuse.

Lorsque j'avais vingt ans, alpiniste fervent,
J'escaladais les monts. Je « *faisais* » le Brévent,
Aussi les Grands-Mulets, le Jardin (mer de glace),
D'aimables compagnons secondaient mon audace.
Au retour nous chantions, le teint clair, animé,
Du spectacle aperçu l'esprit enthousiasmé;
De jolis *edelweiss* notre coiffe pourvue
Marquait notre endurance... et la cime vaincue!

Au pays merveilleux je me complais toujours
Et quand revient l'été je prends quelques beaux jours
Pour aller contempler sous la voûte suprême
La chaîne du Mont-Blanc et son pur diadème.
Je ne prends plus l'essor vers les fameux glaciers,
Mais je revois les lieux qui me sont familiers.
J'erre dans les forêts, les campagnes fleuries,
Entretenant ainsi de douces rêveries.
Au sein de l'alpe grande étalant ses beautés,
Je jouis d'un bien-être inconnu des cités,
Car devant la blancheur des neiges éternelles
Colorant les sommets, divines citadelles,
A l'ombre des sapins qu'agite l'aquilon,
Au bord du fier torrent qui baigne le vallon,

Au milieu des prés verts, parmi les fleurs alpestres,
Le long des ruisseaux clairs, dans mes courses pédestres
Et sur le banc rustique où je reviens m'asseoir,
Partout je suis heureux, je renais à l'espoir!
Là, mon cœur se détend, s'ouvre, se purifie,
Se grise du bon air qui calme, vivifie,
Et bientôt retrempé dans sa sérénité,
Il chasse les soucis, raille l'adversité.
Il reprend au contact de la grande Nature
De la force et du goût pour la lutte future...
Que j'aime, ô Chamonix! ton site bienfaisant
Où l'âme se délecte en se réconfortant,
Où l'on respire en paix l'atmosphère éthérée
Qui souffle de tes monts brillant dans l'empyrée!

Les Bossons (Haute-Savoie).

LE ROCHER DE SAINT-MALO

(Fantaisie)

A *Isidore Neveu.*

J'ai revu la cité malouine
Sous un ciel libre, radieux,
Montrant, souvenir glorieux,
Son histoire, son origine.

Imposant, sévère château,
Larges remparts, créneaux, tourelles ;
Chemins escarpés et ruelles
Paraissent monter à l'assaut…

Autour du Temple catholique
Où se rassemblent les vivants,
Les ombres de marins, savants,
Planent sur l'îlot granitique :

Duguay-Trouin, La Bourdonnais,
Cartier, Surcouf… dont l'odyssée
N'a d'égale que la Pensée
Des Maupertuis, des Lamennais !

Et ce rocher fier et tenace
Que l'océan ne peut briser
Me semble bien symboliser
Du vrai breton la forte race.

Le flot même, se retirant
Au delà du « grand bey », s'incline
Devant l'humble croix qui domine
Le tombeau de Châteaubriand.

Saint-Aubin-du-Cormier (Ille-et-Vilaine).

LA RIVE FRANÇAISE DU LÉMAN

A Maurice Gaudray.

Lorsque parfois l'ennui déprimant et fatal
Envahit mon esprit, je pense au sol natal.
La Muse me sourit, me berce puis m'entraîne
Loin de la Capitale où le destin m'enchaîne.

. . . .

A l'heure où le Mont-Blanc, magnifique, sacré,
Montre son rayonnant diadème nacré,
Que j'admire, que j'aime, ô ma chère Savoie,
Tes monts aux flancs garnis de velours et de soie,

Tes cascades, torrents, forêts, riches coteaux,
Touffes de cyclamens, sonnailles des troupeaux,
Et tes oiseaux chanteurs, ta vigne au blond corsage,
Tes barques sur le lac décrivant leur sillage,

Ton paisible Léman! Les feux éblouissants
Que répand le soleil sur son large croissant;
Et, sous l'astre des nuits, sa surface étoilée
Qui finit sur la grève en écume perlée…

Je revois des manoirs aux antiques fossés,
Yvoire et son vestige, orgueil des temps passés,
La rive gracieuse en sa courbe précise
Du golfe lumineux où Thonon est assise.

Puis la belle Evian dans un site enchanteur
Comme une souveraine étale sa splendeur.
Plus loin le flot d'azur que la brise irradie
Murmure tendrement aux pieds de Meillerie.

Enfin à l'horizon un cap audacieux
Que sépare la Morge au cours impétueux :
Groupant au bord du lac ses blanches maisonnettes,
Saint-Gingolph apparaît comme un nid de mouettes...

. . . .

Et pour chasser l'ennui déprimant et fatal
Je rime en souvenir du doux pays natal,
La Muse en me berçant devant mes yeux déploie
La nappe du Léman, la côte de Savoie.

Saint-Gingolph (Haute-Savoie)

GRAISIVAUDAN

A M. Alfred Poulat,
Secrétaire général de « l'Union des Allobroges »

Dans notre France incomparable,
La splendeur du Graisivaudan
Eclipse tout, site admirable
De Grenoble à Chapareillan.

Riches vergers, gras pâturages,
Vignes, blés aux blondes couleurs,
S'étalent au pied des villages,
Brillant tapis semé de fleurs.

Des montagnes majestueuses
L'enchâssent, tel un diamant;
L'Isère, belle paresseuse,
Roule au milieu son flot dormant.

L'Allobroge a « Vertu, Courage, »
Et ton peuple, ô Graisivaudan!
De tout temps eut, par héritage,
Un esprit fier, indépendant.

Jaloux de tous ses droits civiques,
Toujours il lutte avec succès,
Soutien des libertés publiques,
A l'avant-garde du progrès.

Quand Phœbus irise l'Isère
Et dore les champs, les sommets,
Je chéris, j'admire et vénère,
Grande Nature, tes effets.

Tu dotes nos riches campagnes
D'une saine fertilité,
Et sur nos altières montagnes
Tu fais planer la Liberté!

Et qu'elle est belle ta vallée,
O cher et doux Graisivaudan,
La nuit, sous la voûte étoilée,
De Grenoble à Chapareillan.

La Terrasse (Isère).

PAYSAGE NORMAND

A Etienne Lucas.

Au retour du printemps, mon unique désir
Est d'aller au Pays prendre quelque loisir,
Contempler de la mer la splendeur infinie,
Goûter la paix des champs, bercer ma rêverie.

Je retrouve là-bas, pointant à l'horizon,
La voile du pêcheur, la jeune frondaison
Qui peuple les prés verts de tendres pâquerettes,
Et j'écoute sous bois chanter bergeronnettes...

Plus tard, devant mes yeux, en de riants tableaux,
Passent de beaux vergers, bocages, gais hameaux,
Des clos pommiers fournis bordés de larges haies,
Des aperçus de mer à travers les futaies;

Maisons à clochetons, fenêtres en auvents,
Sous le calme feuillage, à l'abri de tous vents,
Des herbages épais renommés dans le monde
Et les riches produits d'une terre féconde;

Des limpides ruisseaux fleuris de nénuphars,
Des rosiers, des genêts, sur les côtes épars :
Un mélange de grâce et de sauvagerie
Qui parfume le cœur d'un grain de poésie...

Quand revient le soleil aux beaux jours de printemps,
Je me sens tout joyeux. Avant qu'il soit longtemps,
J'écouterai tinter la cloche du village
Et verrai le flot bleu mousser sur le rivage...

Sainte-Marie-du-Mont (Manche).

La première Pervenche

A ma chère Marie,
En souvenir de notre visite aux Charmettes.

Sur sa tige qui penche,
J'ai trouvé maintes fois
La timide pervenche,
A l'ombre des grands bois.

De feuillage entourée,
Ornement gracieux,
Fraîchement colorée
Par un reflet des cieux.

Courbé sur la craintive,
La prenant avec soin,
Ma muse fugitive
M'entraînait loin, bien loin…

Plus d'un siècle en arrière
Je revoyais Rousseau
Mettre à sa boutonnière
La fleur du renouveau.

Près d'une tendre amie,
Dans un bonheur parfait,
Au printemps de la vie
Son talent s'éveillait.

. . . .

Pour peindre la Nature,
Il s'inspire plus tard
De la riche parure
Du site savoyard.

Appliquant sa devise :
« Chercher la vérité »,
Son œuvre se précise,
Conscience et bonté.

Sa voix chaude et profonde
Souffle la liberté,
Sème de par le monde
Le Droit et l'Equité.

. . . .

Et le bois des Charmettes,
Plein de son souvenir,
Que le chant des fauvettes
Vient toujours rajeunir,

De la douce pervenche
Est le premier berceau,
Car l'humble fleur qui penche
Y fut chère à Rousseau.

Les Charmettes, près Chambéry (Savoie).

Le Saut du Doubs

A mon frère Gustave,
Franc-Comtois d'origine.

Parmi tant de splendeurs que la nature agreste
Présente à nos regards sous la voûte céleste,
La rivière du *Doubs,* dans la Franche-Comté,
Surprend par son étrange et sévère beauté
A l'instant solennel où ses eaux bondissantes
Troublent tous les échos de leurs voix mugissantes,
Lorsque son fameux saut nous apparaît enfin
Comme une grandiose image du Destin.

Assis sur un rocher surplombant la rivière,
Je contemple charmé tous les jeux de lumière
Qui colorent les monts, le doux lac des *Brenets* (1),
De purs tons diaprés, de merveilleux reflets;
Fasciné, je conçois la parfaite harmonie
Du site Jurassien, sa forte poésie.....

Un calme recueilli plane sur les hauteurs
Où pointent des sapins aux vitales senteurs.
Dans un large bassin que le vent ride à peine
Le *Doubs* majestueux avance une eau sereine,
Puis se rétrécissant court sur rocs convulsés,
Barrages naturels par le temps entassés.
Soudain le sol manquant, la chute se dessine,
Déployant une blanche nappe cristalline.
Le *Doubs* en se bombant s'efforce d'éviter
Des gros blocs étagés pour se précipiter

(1) Charmante localité frontière du canton de Neuchâtel, située sur les bords
du Doubs (ou plutôt du lac qu'il traverse), près de la célèbre cataracte.

Superbe, furieux, dans le gouffre insondable,
Avec un bruit pareil au tonnerre effroyable.
Une poussière d'eau, transparente vapeur,
L'escorte en son trajet de cent pieds de hauteur!
Dans le chaos mouvant il écume, il abonde,
Le flot pousse le flot qui tourbillonne et gronde,
S'acharnant à lutter dans un suprême effort
Pour rouler emporté vers un plus noble sort.

Entre monts rapprochés, fuyant en perspective,
Le *Doubs* fier et puissant aide à la vie active
D'usines, de moulins... Puis il s'éloigne encor
Pour montrer sous le ciel un lit pailleté d'or,
Une eau verte, tranquille, étincelante, pure,
Un sinueux rivage à riante parure :
Il vient baigner cités, bois touffus, arroser
Le pays franc-comtois pour le fertiliser.

Villers-le-Lac (Doubs), mars.

BIARRITZ

(Fantaisie)

A M. *Charles Magne*,
Archéologue à Paris.

Biarritz, ton nom fait rêver!...
Près de la cité bayonnaise
Dans mon cœur j'ai voulu graver
Ta plage, ta côte basquaise.

O! que j'admire ton vieux port,
Ton sable — fin comme la neige —
Foulé par les heureux du sort,
Tes palais, — somptueux cortège!

Biarritz? un parfum troublant
D'Espagne... un charme inexprimable
De France... un bouton éclatant
De rose, unique, incomparable...

L'océan bleu qu'un frais zéphir
Pousse à te lutiner sans cesse
A le chatoiement du saphir,
D'un enfant la folle caresse.

Parfois en tempête il mugit,
Puis bondit fougueux, sans vergogne,
Par-dessus les blocs de granit :
Il est au golfe de Gascogne!

Immobile sur son rocher,
Clémente, la Vierge divine,
Doucement, semble le prêcher...
Et l'Océan dompté s'incline.

Biarritz (Basses-Pyrénées).

A TOI, AUVERGNE !

A M. Georges Jama.

Auvergne, j'aime à voir sous le ciel radieux
Tes sommets découpés en cônes gracieux.
J'aime tes petits lacs dormant dans les cratères,
Tes nombreuses forêts, tes rochers durs, austères,
Impassibles témoins sur les pentes tassés
Rappelant du chaos les grands troubles passés ;
Tes grottes recélant sources ferrugineuses,
Tes limpides ruisseaux dont les notes berceuses
Accompagnent le chant des joyeux passereaux
Tandis qu'en les prés verts paissent de gras troupeaux.
J'aime aussi tes manoirs, tes vestiges celtiques,
Tes bourgs groupés autour des églises gothiques,
Tes splendides cités célèbres désormais
Avec leurs légions de villas, de palais :
Clermont, Vichy, Royat, Mont-Dore, la Bourboule...
Attirant chaque année une élégante foule.
De Vercingétorix j'évoque l'ombre enfin
Qui protège l'Auvergne et guide son destin !
Superbes, découvrant leurs masses colossales,
Abritant tout un peuple aux mœurs patriarcales,
Se dressent Puy-de-Dôme, grand pic de Sancy
Et le Plomb du Cantal... combien d'autres aussi !
O chers Puys, que me font les Alpes fortunées,
Les Vosges, le Jura, même les Pyrénées,
Lorsque je trouve en vous — de ces monts si vantés,
Beaucoup de leurs aspects, surtout de leurs beautés.
Auvergne, j'aime en toi la Montagne paterne
Sise au cœur de la France, ô vieille et fière Arverne !

Vic-sur-Cère (Cantal).

ODE AU PIGEON VOYAGEUR

A M. Edgard Juteau,
du « Messager Français ».

Sous ton aile, beau messager,
Emportant discrète missive,
Tu pars, et ton âme passive
Soutient ton vol fier et léger.

Tu pars ignorant la nouvelle,
Tu la diriges vers le but ;
Payant au devoir ton tribut,
Tu voles où sa voix t'appelle.

J'aime ton œil diamanté
Semblant vouloir percer les nues,
Ton bec noir aux pointes aiguës,
Ta gorge d'un gris velouté.

J'aime les plumes variées
De ton soyeux et fin manteau :
On croirait qu'un divin pinceau
Les a toutes coloriées.

Quand tu fends l'air j'aime te voir
— Affrontant le soleil, l'orage,
La mort qui te guette au passage...,
Sous ton aile abriter l'ESPOIR !

O doux Pigeon ! courrier modèle,
Symbole de témérité,
Puisse un jour la Postérité
Sacrer ta Mission fidèle !

Choisy-le-Roi (Seine).

4.

Pont-Saint-Pierre et la Vallée de l'Andelle

(Impromptu)

A Emmanuel Samson,

En souvenir de l'impromptu suivant récité le 20 septembre 1908 à l'occasion d'une fête locale — à laquelle des artistes de l'Opéra, de l'Opéra-Comique et de l'Odéon prêtèrent leur gracieux concours — organisée en l'honneur d'un bienfaiteur du pays.

Dans ce gai Pont-Saint-Pierre arrosé par l'Andelle,
Dame nature étend, chaque saison nouvelle,
Tous les précieux dons, les séduisants attraits
Que nos grandes cités ne montrent qu'en portraits.
Voici, des prés, des bois, la splendide parure,
De coquettes maisons dans leurs nids de verdure,
De vastes ateliers dont le bruit entraînant
Egaye les abords de ce site charmant.
Le jour, on voit briller la tranquille vallée
Sous les rayons dorés. Et la nuit étoilée
— Quand sonne l'Angélus, l'heure du couvre-feu, —
Semble sur le pays jeter son voile bleu.

Certes, vous n'êtes plus, enfants de Pont-Saint-Pierre,
Les vilains d'autrefois, les hommes de la terre
Maintenus sous le joug, peinant même la nuit
Par ordre du seigneur... et pour son seul profit.
Adieu donc pour jamais, erreurs du moyen-âge,
Aujourd'hui, la noblesse appartient au courage.
Usés le vieux manoir et ses mâchicoulis,
Comblés les noirs fossés, brisés les ponts-levis!
A leur place je vois d'élégantes tourelles,
Des parterres fleuris, de riantes tonnelles.

Les temps sont bien changés : partout de la gaité,
Du travail, de la vie, — une ère de bonté.

Heureux les habitants de ce site paisible,
Honneur au bienfaiteur généreux et sensible
Qui, voulant sans regret laisser parler son cœur,
Sut créer près de soi la cité du bonheur !

Pont-Saint-Pierre (Eure).

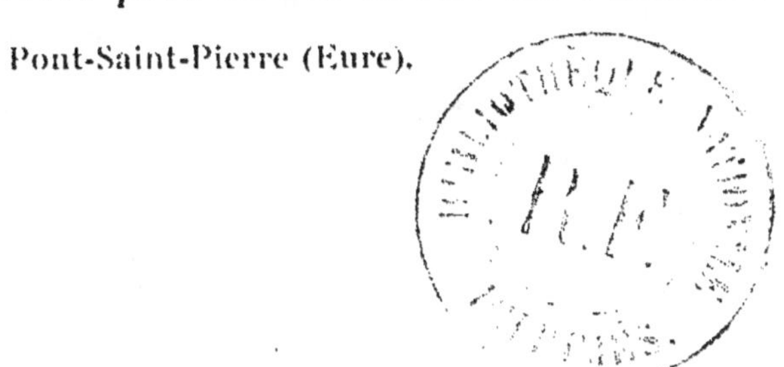

TABLE DES MATIÈRES

Paris. -- Imprimé à l'Institution Nationale des Sourds-Muets